LES DEUX HENRY

CAUSERIES LITTÉRAIRES

INSÉRÉES AU

Glaneur du Haut-Rhin

PAR

J.-N. MORELLET

Censeur des études, correspondant historique, etc.

COLMAR

chez HELD-BALZINGER, libraire.

1866

LES DEUX HENRY

LES DEUX HENRY

CAUSERIES LITTÉRAIRES

INSÉRÉES AU

Glaneur du Haut-Rhin

PAR

J.-N. MORELLET

Censeur des études, correspondant historique, etc.

COLMAR

chez HELD-BALZINGER, libraire.

—

1866

M. HENRY VICTOR

Biographie et critique littéraire.

I.

Le 4 mai 1863 s'est éteint à Colmar un homme d'intelligence et de cœur, qui, dans une position modeste, avait rendu de bons et longs services aux familles de l'Alsace.

Aussi fut-il accompagné à sa dernière demeure par un nombreux cortége, où ses anciens élèves, ses amis et ses parents confondaient leurs regrets ; mais nulle voix amie ne parla sur sa tombe, et le lendemain seulement quelques mots bien sentis, insérés au *Glaneur*, par M. Vion, proviseur du lycée impérial, apprirent au public la perte que l'Université venait de faire. C'était bien pour le moment ; mais ce n'était point assez pour la mémoire de l'homme de bien et de talent, et il n'est que juste, aujourd'hui que les amis ont recueilli leurs souvenirs, d'esquisser les principaux traits d'une vie honorable et si bien remplie.

M. Henry (Nicolas-Victor) était né à Granges, dans les Vosges, le 25 décembre 1805, d'une famille aimée et considérée dans le pays. Il y reçut, avec de bons principes et d'heureux exemples, les premiers éléments des connaissances humaines.

Au sortir de l'enfance, il entra comme élève interne au lycée de Nancy, y fit de bonnes études, un excellent cours de rhétorique sous le célèbre M. Alexandre, aujourd'hui inspecteur général, et il sortit de cet établissement avec tous les honneurs de la guerre, chargé de prix et de distinctions de toutes sortes, orné du baccalauréat ès-lettres et d'un goût prononcé pour les travaux de l'esprit.

Sa famille le destinait au barreau, et peut-être y songeait-il lui-même ; mais l'état de sa fortune, compromise par les malheurs du temps, ne lui permit point d'aborder directement l'étude du droit. Il dut prendre un biais et, comme tant d'autres firent à cette époque, il commença le labeur de sa vie par des fonctions pénibles, lourdes de responsabilité, mais qui ne sont ni sans attrait ni sans compensation pour ceux qui aiment l'enfance : il entra dans l'enseignement et devint maître d'étude au lycée de Strasbourg, 15 octobre 1822.

Doué d'un caractère doux et conciliant, mais capable d'énergie quand il en fallait, M. Henry réussit tout d'abord, dut plaire et plut en effet, dès son début, aux jeunes gens qui lui furent confiés. Ceux d'entre eux qui vivent encore, aiment à se le rappeler avec son humeur égale, sa physionomie ouverte, son regard vif et bienveillant, inspirant aux heures voulues le calme, la docilité, l'amour du travail, et déguisant sous une incessante aménité de langage et de formes ce que ses fonctions avaient de pénible ou de désagréable pour eux, ce que la discipline du lycée avait encore de rudesse militaire. Son noviciat fut de cinq ans; mais il ne le passa pas dans la dissipation et l'oisiveté : il donna ses loisirs de maître aux études juridiques et se fit recevoir licencié en droit à la Faculté de Strasbourg. Alors il s'éleva d'un cran dans la hiérarchie universitaire et fut chargé de la classe de huitième au lycée de Strasbourg, 8 octobre 1827. Nommé maître d'étude à titre définitif en 1829, il passa deux ans après dans la chaire de septième.

A cette époque, une honorable et riche famille des Vosges vint demander au proviseur du lycée de Strasbourg un maître, pour lui confier l'éducation d'un jeune homme d'un caractère malaisé, et qui avait déjà fatigué et découragé plusieurs précepteurs ; M. Henry Victor fut désigné. Il demanda et obtint un congé et se dévoua courageusement à l'œuvre nouvelle. Il est difficile de dire tout ce que M. Henry dut y déployer d'esprit, d'adresse et d'énergie. Investi de toute l'autorité paternelle, il en usa pour réduire un caractère rebelle, pour changer des habitudes d'indiscipline et de paresse, et à la fin il put se féliciter des résultats : après cinq ans d'un travail incessant, il présenta et fit recevoir son élève au baccalauréat.

Après ce succès, M. Henry reprit l'enseignement public. Le Recteur de Strasbourg, qui le connaissait par ses succès, le fit entrer au collége de Schlestadt, où il y occupa, comme suppléant, les deux chaires réunies de 5e et 6e, 13 octobre 1836. Il ne fit qu'y passer, et le 27 octobre 1837, il fut nommé régent de cinquième au collége de Colmar.

Le collége de Colmar était alors le premier collége communal de l'Alsace et de l'Est, par le nombre de ses élèves, par la force de ses études et par la distinction de ses professeurs, tous gens d'élite, et qui ont presque tous marqué depuis, les uns dans la hiérarchie de l'enseignement public, les autres dans les lettres aussi bien que dans les sciences : il suffit de nommer parmi les morts M. Ozaneaux ; quant aux vivants, le public colmarien qui lit, comprendra les motifs de mon silence et y suppléera. Lorsque M. Henry Victor vint à Colmar, son nom n'y était pas nouveau : son frère Edouard, qui était un poëte distingué quoiqu'encore inédit aujourd'hui, y professait depuis 1828. M. Henry Victor ne se trouva point déplacé dans cette pléiade de travailleurs de l'intelligence, et il mérita si bien l'affection des élèves, la considération des familles, l'estime de ses supérieurs, que l'an d'après le Ministre lui confia la chaire de quatrième. Il la conserva jusqu'à la transformation du collége communal en lycée, 1856.

Il fut maintenu dans le personnel de l'établissement et fut chargé de l'enseignement de la classe de sixième. Aux yeux de beaucoup de gens, c'était déchoir. En réalité, il n'en était point ainsi, et M. Henry, par sa manière de faire, prouva qu'il méritait la faveur nouvelle : il fut bon professeur de sixième. Faut-il rappeler que le bon Lhomond, auquel on vient d'ériger une statue, n'aurait pas d'autre motif de gloire, sans les livres élémentaires qui résument son enseignement ? Les

élèves de M. Henry, petits alors, hommes aujour-
d'hui, n'ont pas oublié sa manière attrayante
d'enseigner les premiers principes des langues.
cachant les épines sous les fleurs et ravivant sans
cesse, par l'aménité de son caractère et par les
saillies d'un esprit qui savait descendre aux pe-
tites choses, l'intérêt d'un enseignement sec et
monotone au premier abord. Il était comme Socrate au milieu des enfants; il travaillait à mettre
ces jeunes intelligences en état d'accoucher toutes
seules. M. Henry savait intéresser les enfants à leurs
progrès, les amuser tout en maintenant à sa hau-
teur le niveau de l'enseignement grammatical ; il
obtenait plus : il se faisait aimer tout en ne per-
dant rien de son autorité, tout en restant dans la
sévérité de ses fonctions. Dans son Traité des
études, le bon Rollin reconnaît bien que la crainte
du maître est le commencement de la sagesse,
Initium sapientiæ timor domini ; mais la crainte
qu'inspire le maître, doit être accompagnée du
respect et mitigée par l'amour. Or, comment se faire
aimer des enfants, si on ne les aime pas soi-même,
si l'on n'est pas bon avec eux? Sacrifiez aux Grâces,
disait un philosophe ancien à ceux de ses disciples
dont l'esprit, le caractère ou les manières lui pa-
raissaient un peu rudes. Pour être aimé des enfants,
il faut leur plaire, et comment leur plaire sans la
bonté. Les cœurs, dit Bossuet, sont à ce prix. Si
vous voulez attirer, ne repoussez pas ; si vous
voulez qu'on vous écoute, intéressez. La science
et l'esprit ne suffisent point pour l'enseignement,
il faut y joindre le cœur, et sans le cœur il n'y a
ni habileté ni succès possible en fait d'éducation.
M. Henry le savait d'instinct : il aimait la jeunesse
et s'en faisait aimer. Il n'en avait que plus de

succès avec ses élèves. Il en eut ainsi jusqu'à la fin de mai 1860, époque à laquelle un congé assurément bien mérité lui permit de se reposer et d'attendre sa retraite : il y fut admis par décision ministérielle, le 18 mars 1861. Mais ce repos si bien acquis, il n'en devait pas jouir longtemps : sa santé, qui s'était maintenue jusqu'alors dans un état assez florissant, souffrit des rigueurs sibériennes de l'hiver de 1863—1864. Il se mit à tousser, eut peu d'égard pour cette indisposition en apparence légère ; mais elle s'aggrava par la négligence. La toux dégénéra en bronchyte, la bronchyte en fluxion et la fluxion amena la phthisie pulmonaire. A cette dernière période, la maladie marcha vite à son terme. Sa famille s'alarma, ses amis s'attristèrent ; lui, sans se faire illusion, conserva son cœur calme et son regard serein, souriant à tous comme pour les rassurer. Quand la mort se présenta, il la vit d'un œil tranquille et il montra à ce dernier instant la résignation du sage et la constance du chrétien.

II.

Nous avons fait connaître le professeur ; voyons l'homme de lettres.

La ville de Colmar avec son clergé nombreux, avec sa cour impériale, ses magistrats et ses hommes de loi, avec ses hauts industriels et ses administrateurs de toute sorte, avec son collége prospère et ses écoles florissantes, s'est toujours sentie comme animée d'un puissant souffle de vie intellectuelle. Sous le consulat et l'empire, elle avait la *Société d'émulation*, où siégeaient les hommes les plus distingués du pays et le grand poëte Pfeffel ; sous la monarchie de juillet, la *Société littéraire*, qui comptait dans son sein des littérateurs, des savants, des philosophes et des artistes ; aujourd'hui c'est le Cercle dit Casino où s'est fondue la *Société littéraire* et qui est, quoi qu'on en dise, plus littéraire qu'il ne veut le paraître : n'a-t-il pas fondé, pour l'usage de ses membres, une bibliothèque qui compte en ce moment plus de quatre mille volumes et qui s'enrichit incessamment de la plupart des nouveautés de quelque valeur? La *Commission archéologique*, qui existe depuis tant d'année, a fait d'utiles et de belles publications ; la *Société d'agriculture et d'industrie* avec son secrétaire, M. R. Kæppelin, déploie une merveilleuse activité ; enfin, la *Société d'histoire naturelle* n'a-t-elle pas créé une magnifique collection dans les bâtiments de l'Unterlinden, à côté de la bibliothèque municipale et du musée Martin Schœngauer, qui renferme tant de si belles choses?

On lit beaucoup à Colmar et l'on y aime les livres. La bibliothèque municipale compte soixante mille volumes et nombre de curieux manuscrits ; le Lycée, l'Ecole normale, le Gymnase catholique ont chacun sa bibliothèque ; il est tel rentier, tel industriel, tel avocat, tel magistrat, tel docteur en médecine dont les collections bibliographiques peuvent être citées parmi les plus belles. Je ne parlerai pas des bibliothèques particulières de chaque culte qui prêtent des livres, chacune à ses correligionnaires. Nous n'avons qu'à descendre dans les magasins des libraires colmariens et nous reconnaîtrons, sans peine, que la population qui lit, est nombreuse à Colmar et qu'elle suit avec intérêt le mouvement intellectuel et progressif de l'époque, qu'il soit question de littérature ou de sciences, d'industrie ou de philosophie. Je trouve ici quelque chose de plus qu'ailleurs. Depuis la réunion de l'Alsace à la France, les Alsaciens sont Français et ils l'ont surabondamment prouvé sur tous nos champs de bataille, à l'étranger comme à la frontière ; mais s'ils sont devenus Français, ils n'ont pas complétement oublié l'Allemagne ; et, en effet, nous voyons ici les deux littératures concourir au développement de l'esprit : les intelligences alsaciennes ont, pour ainsi dire, deux nourrices.

Une chose frappe en Alsace, c'est le nombre incroyable de feuilles périodiques qui s'y publient. Laissons de côté Strasbourg et le Bas-Rhin. Colmar a le *Courrier du Haut-Rhin*, le *Glaneur*, les *Echos du Rhin*, la *Revue d'Alsace* ; il s'y fait des publications importantes et on y achève maintenant la réimpression des œuvres de Grandidier. Hors de Colmar, nous trouvons un journal dans la plupart des cantons, Ribeauvillé, Guebwiller, Thann, Cernay, Sainte-Marie, etc., etc. Qu'est-il besoin de parler de Mulhouse, où sont un collége, une école des arts, une société savante, où la haute industrie n'est étrangère ni à la science, ni aux lettres, ni à la charité ?

La ville de Colmar aime les arts. Depuis quelques années elle progresse visiblement : Si le nom de Pfeffel orne l'une de ses rues, la statue du poëte s'élève sur la place de la Cavalerie ; Rapp se dresse sur le Champ-de-Mars ; le joli monument de Martin Schœngauer se cache malheureusement dans la cour intérieure de l'Unterlinden où l'étranger pense rarement à pénétrer, et l'imposante figure de l'amiral Bruat orne les ombrages du Champ-de-Mars , tandis qu'une rue voisine s'honore de porter son nom. La musique est en honneur à Colmar ; le théâtre étriqué d'autrefois est remplacé par une belle scène, où apparaissent de temps en temps des talents de premier ordre ; et si la vieille *Société philharmonique* est tombée par des causes que nous n'avons point à signaler, du moins nous voyons prospérer son *Conservatoire de musique*, et nous applaudissons aux accords de son *Orphéon* et aux chants mélodieux de sa *Cécilia*.

Oui, nous en sommes persuadés, si M. le baron Dupin refaisait ses tableaux de statistique intellectuelle de la France , il placerait encore les départements du Haut et du Bas - Rhin parmi les départements les plus avancés.

M. Henry Victor, avec ses fonctions d'enseignement et son goût pour les travaux littéraires, dut se féliciter de vivre à Colmar, et au milieu d'un si vif mouvement des intelligences. Naturellement , il devait penser à s'agréger à la *Société littéraire* de Colmar et il s'y agrégea en effet. Il en était membre avec son frère, M. Henry Edouard et avec tant d'autres qui vivent encore et qui n'ont pas oublié ces réunions d'intimité intellectuelle, où chacun apportait une oreille bienveillante et curieuse, pour écouter ou la traduction en vers français du Don Carlos de Schiller, ou le récit d'une découverte de tuyaux de pipe faite en l'an deux mil et cent, ou la discussion d'un tableau de statistique morale , ou la méthode à suivre pour l'enseignement musical, ou, enfin, l'exposition des doctrines comparées du célèbre philosophe Hégel et de ses disciples. M. Henry suivit assidument les séances de la *Société littéraire*, et ne s'y contenta point du rôle d'auditeur. Il lut à diverses reprises des poésies, simplement intitulées *Essais*, mais fort goûtées alors et qu'il eut par malheur la modestie de ne pas déposer aux archives de la *Société*. Nous y avons fait de vaines recherches ; à peine son nom y est-il cité dans les procès-verbaux ; mais l'auteur de cet article se souvient encore du plaisir qu'il ressentait chaque fois que l'un des deux Henry prenait la parole, de 1842 à 1845, époque de son premier séjour en Alsace.

M. Henry Victor aimait la poésie, versifiait avec facilité et arrivait souvent et de premier saut, pour ainsi dire, à l'éclat de l'expression, à la vivacité de la tournure, à une certaine vigueur de sentiment et de pensée. Il est rare de rencontrer des vers aussi heureusement tournés et aussi gracieux que celui-ci :

La vertu qui sourit, sied bien aux lèvres roses.

Mais il manquait à M. Henri Victor l'amour de la forme, le goût du fini, cette patience qui vous permet de chercher et de trouver la rime exacte, l'expression colorée, la tournure vive et saisissante, ce je ne sais quoi qui fait le vers brillant ou ferme, le vers bien frappé et les beaux passages. L'émotion se sent ; mais les expressions ne la reproduisent pas toujours dans son intensité. Homme aimable et spirituel, M. Henry Victor aimait et voyait la société ; il y était recherché, aimé, considéré. On savait sa facilité de composition ; on s'adressait à lui ; on lui demandait

sans façon des vers ; il les faisait comme on les lui
demandait , mais parfois aussi avec une verve
remarquable. Malgré cette facilité qui lui per-
mettait d'aborder tous les sujets , il ne se faisait
point illusion sur son talent , sur le mérite de ses
productions : « Mes vers , disait-il , sont bien ac-
« cueillis , quand je les lis aux amis pour lesquels
« je les ai faits ; mais ils sont légers et doivent passer
« avec l'émotion qui les a produits, avec la fête qui
« leur a donné l'occasion de naître. » La vanité du
poëte était nulle ; il ne se surfaisait point : sa
modestie était excessive. Ecoutez comme il parle
de ses vers, tout en les lisant dans une fête :

Ces mauvais bouts rimés, faits sans prétention,
D'arrêter vos ébats vous demandent pardon.
Reprenez, jeunes gens , sur votre gai théâtre,
Le cours de vos plaisirs dont je fus idolâtre ;
A ce genre de jeux autrefois bon acteur,
Je n'en suis plus, hélas, qu'un vieil observateur.

Lui, qu'est-il ?

Henry, vieux pédagogue, ayant passé sa vie
A mener des enfants, sort peu digne d'envie !

Mais malgré les peines qu'il a eues à ce rude
métier, il aime à s'en souvenir, et voyez comme
il en parle , fidèle à ce dicton du poëte :

Et meminisse juvabit.

A peine à dix-huit ans , échappé du collége ,
De tout petits enfants je devins professeur,
Et d'enseigner rosa reçus l'insigne honneur.
D'un pénible métier faisant l'apprentissage ,
Je leur ouvrais la voie à cet ancien langage
A qui l'on doit Virgile, Ovide, Cicéron ,
Trois émules d'Homère et du divin Platon.
Plein de zèle et d'ardeur, j'avais la patience ;
Il en faut, vous savez, pour instruire l'enfance.

Cet âge est sans pitié, dit nn certain auteur ;
Mais on y voit aussi la bonté, la douceur,
La tendre affection et la reconnaissance.
De mes humbles travaux j'ai quelque souvenance,
Quand sur mes pas je treuve un docte magistrat,
Un valeureux guerrier, le soutien de l'Etat,
Quelquefois un savant, dont l'affable visage
Me rappelle en riant ma chaire et son jeune âge.

Mais il a la conscience de la noblesse et de l'importance de ses fonctions :

Et cependant, Messieurs, quelle est la mission
De l'homme qui se voue à l'éducation ?
Qui prépare à l'Etat le citoyen utile,
Le magistrat instruit, le bon chef de famille,
A la religion ses ministres savants ?
Ces maîtres dédaignés qu'on appelle pédants !

. . . .

C'est ce mot de mépris et d'ingrate ironie
Qu'employait récemment le jeune de Berthier.....

Et à cet ingrat élève, il oppose le jeune Grec qui, récompensé aux Jeux Olympiques, traversait toute une foule d'applaudisseurs, pour déposer son laurier sur les cheveux blancs de son maître.

Bien différent ce Grec : vainqueur reconnaissant,
Il vient de remporter un triomphe éclatant
Dans ces jeux renommés que célèbre la Grèce.
Tout fier de sa couronne et rempli d'allégresse,
Il fend les flots surpris des nombreux spectateurs ;
Sans s'arrêter devant leurs yeux admirateurs,
Il va droit vers les bras d'un vieillard respectable,
Couronner du laurier sa tête vénérable,
En s'écriant : « Ce prix, par mes mains remporté,
« Mon maître, c'est par vous que je l'ai mérité. »

M. Henry, dans sa longue carrière, n'a vu sans doute aucun de ses élèves le couronner ;

c'eût été trop antique : mais plus d'un homme lui fit honneur de ses succès dans la société.

Dans sa dernière excursion à Strasbourg, il fut invité à dîner par un parent. A cette table se trouvait réunie une brillante société d'officiers supérieurs d'artillerie. L'un d'eux le regarda beaucoup, et, après s'être assuré de l'identité, il se leva, l'embrassa et le présenta à tous ses camarades comme l'homme qui lui avait su le mieux inspirer le goût de l'étude et l'amour du devoir. Ce témoignage de reconnaissance, reçu trois ou quatre mois avant de mourir, enchanta les derniers battements de son noble cœur et fut la plus douce récompense de sa carrière professorale.

C'est surtout, après avoir été admis au repos par sa pension de retraite, que M. Henry Victor se laissa aller à ses épanchements de poëte et d'ami, chantant à toutes les fêtes de famille où il était invité, souriant à l'espoir, applaudissant au succès, appelant de ses vers la réalisation d'un vœu, partageant la joie des uns, les inquiétudes des autres, et trouvant tour à tour, sur sa lyre, ou des consolations, ou des gémissements et des larmes. Rien n'est varié comme l'air et le ton de ses compositions ; il passe d'un sujet badin à un sujet sérieux, de la tristesse à la joie, avec la légèreté de l'abeille qui voltige de fleur en fleur. Dans certaines de ses compositions, on ne sent rien de la gravité professorale. Voyez comme il décrit la danse nouvelle, le *Quadrille des Lanciers !*

Chacune au poste attend avec impatience
La tardive arrivée et l'humble révérence
Du jeune et beau danseur, qui, d'un timide ton,
Sur le blanc calepin veut inscrire son nom,
Pour figurer près d'elle à ce nouveau quadrille

Où la grâce s'unit à l'adresse qui brille ,
Où les pas vont tracer ces tableaux animés
Qui *des Lanciers* ont fait les succès renommés ;
Danse de haute-école en figures féconde ,
Exigeant à l'avance une étude profonde ;
Dédale de saluts , de génuflexions ,
D'exercices savants et d'évolutions ,
Où le fil qu'autrefois une amante abusée
Donna , pour le guider, au perfide Thésée ,
Serait un instrument utile au chef du chœur
Qui désire éviter une fatale erreur ;
Cercles entrelacés , où danseurs et danseuses
S'entremêlent, formant des rondes merveilleuses ;
Labyrinhe mouvant , où , se donnant la main ,
Chaque couple en cadence a trouvé son chemin.

Ici , la poésie va plus loin que la peinture : le pinceau ne peut donner qu'une pose, qu'une attitude , qu'un mouvement et laisse deviner le reste ; la lyre du poëte guide les regards et développe devant nous tout l'imbroglio de cette danse compliquée.

Plus loin , il chante la danseuse intrépide au milieu de l'éclat et des énivrements d'un bal, auquel il regrette de ne pouvoir plus prendre part que par les yeux , et où elle passe tour à tour sans repos et sans lassitude , de la contredanse à la valse , de la valse au galop , du galop au cotillon final.

Amante du plaisir, elle y porte la joie ,
Par la franche gaieté , l'élan qu'elle y déploie.
Mais c'est surtout la danse et la valse à deux temps
Qui font briller ses yeux d'éclairs éblouissants.
Naguère je l'ai vue , intrépide amazone ,
Vaincre sur le terrain plus d'un fils de Bellone.
Le danseur essoufflé demandait du repos ;
La danseuse en cherchait un autre plus dispos.
La musique à la fin de fatigue épuisée

Laissait tomber l'archet, sans qu'elle fut lassée.
A peine sonne-t-on l'impétueux galop,
Elle repart ; jamais elle ne dit : c'est trop.
Le joyeux cotillon, cette danse finale,
La trouve toujours prête et toujours sans rivale.
Pareille à la sylphide, on la voit d'un seul bond
Traverser en dansant un immense salon.
C'est là qu'il faut la voir, en figures féconde,
Aux hommes réunis pour la joyeuse ronde
Jeter, d'un air malin, le désiré mouchoir,
Choisir un bon danseur, au moyen du miroir,

. . . .

. . . .
Donner une lanterne au danseur éconduit,
Pour guider de son feu le couple qui le suit ;
Recevoir à genoux, royale souveraine,
Celui de ses sujets qu'à son bras elle entraîne,
Essayer avec lui, pleine d'émotion,
Ce qui fait du danseur la réputation,
Autour de deux fauteuils, sans perdre la mesure,
Tracer du fameux huit la complète figure.

Ce tableau si vif de cette partie du *Cotillon* est
suivi d'un autre, non moins remarquable :

C'est le moment d'offrir le tigre ou le lion.
Avez-vous vu l'effroi que ressent à ce nom
La timide novice ? Elle tremble éperdue,
De cette question tout-à-fait imprévue.
Elle débute au bal ; sa naïve candeur
Explique de ses sens le trouble et la frayeur.
De sa crainte remise, au tigre elle se donne.
Ce monstre, qui jamais n'a dévoré personne,
Fait faire à la danseuse un tour de *cotillon ;*
Puis il offre deux fleurs, différentes de nom,
Le lys qui symbolise une pure innocence,
La rose qui nous peint notre frêle existence.

Le danseur intrépide ne figure pas avec moins
d'éclat dans les vers du poëte.

De Bouyn dans un bal menait le cotillon ,
Comme à la charge il mène un poudreux bataillon ;
Bouyn au corps bien fait , à la mâle prestance ,
Nous rappelle ces preux d'héroïque vaillance ,
En tout lieu défendant avec la même ardeur
De leur Dame et du Roi le chatouilleux honneur.

Le poëte aime à voir l'éclat et les gais mouvements des fêtes hivernales, et ses yeux se reposent avec plaisir sur la jeunesse qui les pare et les anime ; mais au bal ne fait-on que danser ? On y rêve souvent, on y jase beaucoup, on y médit parfois. Voyons d'abord les rêves.

L'imagination, la folle du logis
A qui dans l'univers tout le monde est soumis ,
Saisit plus vivement les âmes au jeune âge . .

. . . .
Prends garde , jeune fille , à ses appâts trompeurs.

Et alors arrivent quelques conseils dictés par la sagesse et l'amitié à l'inexpérience de la jeune danseuse :

La vie en commençant nous fait de beaux mensonges;
On ne veut pas t'ôter, mais te choisir tes songes.
Vis, jouis du présent, quand tu le peux encor ;
Mais laisse les conseils diriger ton essor.
De l'ardent Phaéton qui brûle tout un monde ,
D'Icare , dont le nom passe à la mer profonde ,
Rappelle-toi la chute et le malheureux sort ;
Leur désobéissance est cause de leur mort.

Après les rêves, arrivent les coups de langue assaisonnés de médisance.

Mais si dans tous ces bals la danse a ses délices,
La langue aussi parfois y porte ses malices.
Une robe nouvelle arrive de Paris.
Chacun d'en discuter et l'étoffe et le prix.

Elle a pour ornement de superbes dentelles ;
Est-ce un point d'Angleterre ? — Oui. — Non, c'est
                              du Bruxelles.
Si l'on se contentait d'un simple sentiment
Sur la riche parure ou sur le vêtement !
Mais non ; de la toilette on passe au caractère ,
Des secrets de la Dame on sonde le mystère :
Elle est très-peu facile et son mari , dit-on,
N'est pas au Paradis ; pauvre homme , il est si bon !

Du bal, passons avec lui aux jeux plus paisibles
des salons où l'on ne danse pas :

Taillant le baccarat , jeu plein d'émotion ,
Le grand chef d'escadron, d'une main très adroite,
Lance à chacun sa carte , à sa gauche , à sa droite.
Ici ce ne sont point , comme dans les combats ,
Des ennemis armés qu'attaque votre bras ;
Ce n'est pas la valeur qui donne la victoire ,
Commadant ; c'est du sort la chance aléatoire.
Le banquier a crié : « Chacun a fait son jeu ?
Rien ne va plus. » — On perd, on gagne son enjeu.
Quelquefois l'assemblée était un peu bruyante ;
Des joueurs trop heureux la voix retentissante
Y répandait le trouble, et Monsieur Deperré
Agitait la sonnette en sol mi fa do ré.
Mais il ne trouve pas la prompte obéissance

. . . .

Ici ce ne sont pas ainsi qu'au régiment
Des soldats attentifs au seul commandement ;
Vous avez , capitaine , une autre compagnie.

Puis figurent tour à tour les principaux acteurs
des réunions intimes dont il était aussi l'un des
plus aimables ornements :

P.. dont le talent , suivant les lieux , la place ,
Apparaît tour à tour sous différente face
A table, gai convive au salon, vert galant ,
A la Cour, de nos lois interprète savant.

Je le voyais naguère, au feu d'une allumette,
Sur la route, essayer la fine cigarette,
Pour éprouver s'il peut, par ce talent nouveau,
Des convives fumeurs atteindre le niveau.
Qu'il prenne garde à lui ! Si par cette fumée
Près des hommes il gagne un peu de renommée,
Il en perd tout autant près du sexe enchanteur
Qui de notre tabac hait la perfide odeur.

La Cour et les graves magistrats avaient aussi leur place dans cette galerie :

Je voudrais dans mes vers et dans mes faibles rimes
Vous dépeindre combien les délits et les crimes,
Les excès de pouvoir, l'intrigue et les abus
Rencontrent d'énergie et d'arrêts bien rendus
A la Cour de Colmar ; mais le chef qui préside,
Qui dans ses jugements la conduit et la guide,
Interdit à mon cœur l'éloge mérité
Que ma plume essaîrait sans notre parenté.

Il s'agit ici de M. Rieff, alors premier Président de la Cour impériale de Colmar, aujourd'hui conseiller à la Cour de cassation, à Paris.

Mais le morceau capital de cette pièce, ce sont les vers consacrés à une femme, belle et courageuse, que tout le monde honore à Colmar.

Ensuite on remarquait dans un cercle nombreux
La baronne A*** au port majestueux,
Mais fière d'un époux dont le grand caractère
Donne aux amis des rois une leçon sévère.
Dans ce temps si fécond en révolutions
Où plus d'un courtisan change d'affections,
Vend sa foi tour à tour, suivant la politique,
A l'empereur, au roi, puis à la république,
Sous le prétexte faux que son triple serment
Est pour l'Etat, qu'il sert en patriote ardent,
Honneur à l'ami sûr, dont la ferme constance
S'attache à la personne et non à la puissance !

19

Le flot peut emporter et place et dignité ;
Mais lui demeure ferme en sa fidélité,
Laisse l'ambition entraîner le vulgaire
Et jouit de l'estime acquise à sa carrière.
Honneur à sa compagne ! Invincible à la peur,
Elle a su, de l'émeute affronter la colère
Et maîtriser le flot révolutionnaire.
Ce n'est point par le sang comme une autre Sombreuil
Qu'elle a vaincu ; mais c'est par le feu de son œil
Qu'elle impose à la foule, apaise sa furie,
Et sur elle conquiert son époux à la vie.

M. Henry Victor aimait la nature et se laissait
aller volontiers à ses charmes. Voyez de quelle
manière il parle des Eaux de Griesbach, dans une
épitre adressée à Mme Keller !

Aux Eaux, la promenade est un doux passetemp,
Et du mal, Amélie, un remède puissant.
Le pays est si beau, quand le ciel favorable
Ouvre aux pas du baigneur une course agréable !
D'un côté, tu descends vers le bain Petersthal,
Pour gagner, si tu peux, le sombre Bærenthal,
En côtoyant la Rench, ce torrent si limpide
Que l'on voit le poisson jouer dans l'eau rapide ;
De l'autre tu gravis le mont majestueux,
Le sauvage Kniebis, aux sentiers tortueux,
Où l'art a ménagé sur la cîme une allée
D'où l'on admire au loin la profonde vallée.
De là l'on voit aussi ces glaciers merveilleux
Dont les sommets à pic semblent toucher les cieux,
Gigantesques amas de neiges éternelles,
Bravant l'astre du jour qui ne peut rien contre elles,
Les méandres brillants du Rhin impétueux,
L'église de Strasbourg.....................

Voici encore des vers tirés de la même épitre.

Une route superbe aux sinueux contours
Conduit à Rippoldsau, le plus gai des séjours.

En parcourant les bois aux arbres gigantesques
Tu vois de tous côtés des sites pittoresques.
Si tu veux t'enfoncer dans un gentil vallon,
Va goûter d'Antogast le savoureux poisson.
Des champs bien cultivés animent la campagne,
Et le chalet s'appuie aux flancs de la montagne.
La table est excellente et l'eau mêlée au vin
Excite la gaîté par son gaz alcalin.

Ces joyeuses excursions sont souvent troublées par des accidents qui laissent quelquefois, comme il dit, *un souvenir marquant.*

Souvent dans une course, un sentier trop sauvage
Ajoute à nos récits une nouvelle page.
Un perfide caillou sur la pente du mont
Blesse, sans prévenir, un petit pied mignon ;
Celle qui l'a heurté, pour arrêter sa chute,
S'accroche à sa voisine et fait double culbute.
De là des cris d'effroi, de subite frayeur,
Jusqu'à ce que les ris aient dissipé la peur.
On se lève, on regarde, ému de l'aventure ;
On rajuste sa robe, on tâte sa figure,
En craignant que le sol, cause de l'accident,
Ne laisse à la victime un souvenir marquant.

Mais le cœur d'une mère, que des raisons de santé ont séparée de son enfant, ne saurait l'oublier ; le poëte le sait et il ne manque de la lui faire apparaître. Après lui avoir détaillé tous les charmes du panorama qui se déroule du sommet du Kniebis, il ajoute, avec une irrégularité de tournure qui effarouchera plus d'un grammairien :

Tu n'as pas vu Colmar ; regarde ! En ta pensée
De ton unique enfant vois l'image tracée !
Assise à notre table, un de ses grands plaisirs,
Ce qui la fait sourire et charme ses loisirs,

C'est d'aller tour à tour de la tante à grand'mère,
De sa Minon chérie à Lolot le grand'père.

Lolot, c'était lui, c'était le poète, c'était le grave professeur, qui oubliait sa toge, sa science, les muses et son âge, pour redevenir enfant et jouer avec une enfant. M. Henry s'était marié en 1844, et il se consolait de n'avoir pas d'enfant en s'attachant de tout cœur à ceux que Mme Henry avait d'un premier époux, en suivant avec une sollicitude paternelle l'éducation de l'orphelin laissé par son frère.

Quand il prend part à la joie de ses amis, il a des accents d'une émotion qui ne laisse pas le lecteur indifférent. Voici un fragment de son épitre à M. Stehelin qu'il félicite des succès de son fils à la Faculté de droit de Strasbourg.

J'ai parlé de Léon à Strasbourg transporté,
Au milieu des attraits de la grande cité.
Des enfants de Thémis l'exemple et le modèle,
De la loi du travail observateur fidèle,
Il ne va point comme eux, aux dangereux plaisirs
Livrer imprudemment le temps de ses loisirs :
Son goût plus relevé, plus grave, plus solide,
D'un savoir plus profond se montre plus avide ;
Il laisse aux étourdis la lâche oisiveté
Qui les mène bientôt à la satiété.
À l'étude employant ses premières années,
Il a su partager son temps et ses journées :
Les vains amusements, les frivoles amours
Que l'insensé jeune homme appelle ses beaux jours,
La pipe et le billard, la chasse à la grisette
Et la danse où chacun amène sa fillette ;
Ces plaisirs, dont l'abus blase à la fin les sens,
Offrent à son esprit des attraits impuissants.
Après son premier cours, il rentre en diligence,
Ses cahiers sous le bras, et pour la conférence

Il parcourt le Digeste, et Thuillier et Cujas,
Qui de la question traitent les divers cas.

De retour dans sa famille, le sage étudiant
rend compte de sa vie à Strasbourg :

Il cite sa visite à cette brasserie
Où chaque ami raconte, en vive causerie,
Une pipe à la bouche, une choppe à la main,
Les exploits de la veille et ceux du lendemain.
Il eut bien vite assez de la salle enfumée,
De pointes, de tabac et de bière embaumée,
Où ces futurs docteurs, médecins, avocats,
Règlent les intérêts des différents états.
On les voit, abordant la haute politique,
Diplomates en herbe, affranchir le Mexique,
De nos armes venger l'affront inattendu,
Emporter Puebla, de Juarès éperdu
Renverser la puissance, et dans la capitale
Rétablir la justice et la force légale ;
Puis des Etats-Unis tranchant la question,
A l'Europe étonnée amener le coton,
A ces Grecs inconstants, qui d'un roi sont en peine,
Du Pôle dépêcher vers la superbe Athène,
Pour remplacer Othon, un monarque danois,
Plus ami du progrès qu'un prince bavarois.
Avec Langiewitz, ce jeune démocrate,
Ils fatiguent du Nord le puissant autocrate
Et l'on entend au fond de leur club exalté
Pour la pauvre Pologne un cri de liberté.
Liberté ! Quel beau nom ! Mais à l'âge où vous êtes
C'est le travail, ce sont les efforts que vous faites
Qui vous la donneront. Oui, tout votre avenir
Dépend des premiers pas.................

Et il félicite l'heureux père :

Comme l'antique Hercule entre la double voie,
Celle qui mène au vice, à la coupable joie,
Et celle qui conduit au véritable bien,
Votre fils a choisi l'honorable chemin.

J'extrais de son Epitre à Mme Marande ces quelques vers où le poëte épanche devant elle son cœur ému et trouve sans effort et sans recherche des accents d'autant plus touchants que l'expression en est plus simple et plus familière ; il y a là des traits qui ne dépareraient pas de riches recueils de poésies.

Vous ne verrez plus, père, accourir à l'étude
Celle dont un baiser, le matinal bonjour,
Servait de doux prélude à vos labeurs du jour ;
Celle qui souriait de son visage rose,
Lorsque du tribunal vous reveniez morose,
Fatigué d'un procès, d'où les deux avocats
Qui se sont escrimés en d'arides débats,
Se retirent chez eux, brisés par l'audience.
. . . .
Vous ne verrez plus, mère, assise près de vous
Son aiguille à la main, tenant sur ses genoux
Le petit chat gâté qui joue avec l'ouvrage.
. . . .
Et vous, cher Augustin qui, les jours de repos
Que vous donne la banque, arriviez tout dispos,
Vous ne trouverez plus la bonté prévenante,
Le tendre embrassement de votre sœur charmante ;
Par elle, du foyer s'augmentait la douceur.
Pour un frère, qui peut remplacer une sœur ?
Sa voix, au doux parfum de paix et d'innocence,
Sur lui doit exercer une sainte puissance ;
Qui peut l'encourager, le maintenir au bien ?
C'est la sœur, c'est son tendre et prudent entretien.
Pour ses fautes qui sait trouver mieux une excuse ?
La sœur, qui le défend de ce dont on l'accuse.
La sœur est l'Egérie au foyer paternel :
La sœur est pour le frère un guide naturel.

La fille, dont nous admirons les grâces naïves et la vivacité dans les réunions d'hiver, doit-elle

demeurer toujours dans la simplicité du jeune
âge? Voici la réponse du poëte :

Voyez dans nos jardins, à l'heure du printemps,
Cette fille de Flore aux parfums odorants ;
Auriez-vous désiré que sur le point d'éclore
Elle ne donnât point l'éclat qui la colore ?
Voyez ce beau bijou, qu'on nomme diamant ;
Auriez-vous désiré qu'enterré constamment,
Il ne vous donnât pas l'éclatante lumière
Que vient de lui tailler la main du lapidaire ?
Fleur, au premier printemps il nous la faut cueillir ;
Diamant, il nous faut le savoir bien polir.
Si la femme, autrefois cédant à la promesse
Qu'avait faite un serpent à la langue traîtresse,
Ravit à son époux le fortuné séjour
Où les avait placés, marque insigne d'amour,
La main du Créateur, — la femme toujours belle,
Pour réparer un mal qu'ici-bas tout rappelle,
Par un juste retour, dans un heureux hymen
Ramène les douceurs de cet ancien Eden.

Et cet Eden comment le poëte se le figure-t-il?
Il aime les tableaux intérieurs de la famille, le
sommeil de l'enfant au berceau, les jeux du premier âge et toutes ces précautions qu'on prend
pour élever, pour distraire, pour fortifier l'enfance. Cette jeune fille qu'il a admirée au bal et
dont il a interrompu les plaisirs pour lui donner
quelques conseils, maintenant elle est femme et
mère de famille.

....L'enfant auquel elle a donné le jour,
Il vient de s'endormir aux sons de l'ariette
Dont elle a composé la tendre chansonnette :
« Dors, gentil enfant, dors ; ta mère veille ; clos
« Tes paupières et goûte un paisible repos. »
C'est ainsi que la mère, auprès du lit assise,
Ecarte de la main la mouche mal apprise

Qui pourrait la piquer ; elle attend son réveil
Pour l'entourer des soins que réclame l'enfance.
. . . .
. . . .
La poupée habillée et mille autres joujoux
Sont là tout préparés ; passetemps des plus doux,
Où l'on surprend parfois le père ou bien le frère
Jouer avec l'enfant et s'accroupir à terre,
Pour descendre à sa taille. . . . .
. . . .
On simule une fuite, on joue à cache-cache,
. . . .
On parle à la poupée, on lui fait des sermons
Pour donner à l'enfant les premières leçons ;
On lui jette parfois une boule élastique
Qu'elle jette à son tour, et cette gymnastique
Forçant son petit corps au souple mouvement
Lui donne de l'adresse. . . . .
Elle prend le cerceau, la corde ou la raquette
Qui lance le volant, et la jeune fillette
Prépare par ces jeux, exercices du corps,
A ses muscles du nerf, et la grâce à son port.
Dans sa course étourdie elle a fait une chute ;
Pour arrêter ses pleurs on feint même culbute.

Sa manière admet le trait familier et sa fami-
liarité ne manque ni de délicatesse ni de noblesse
dans la simplicité. Voyez ce trait sur Henri IV,
dont on aimait à lui donner le nom à cause de sa
classe de quatrième, de même que les élèves aimaient à désigner son frère sous le nom de
Henri III, parce qu'il professait la troisième.

L'un de nos meilleurs rois, dont le triple talent
Fut de boire, de battre et d'être un vert galant,
Fut surpris un matin par un haut personnage,
Au moment où son dos, paternel équipage,
De monture servait à son fils tout enfant.
Sans changer de posture et vers lui se tournant :
Monsieur, êtes-vous père ? Alors je continue.

Quelquefois à ces traits se mêlait une innocente plaisanterie d'un goût exquis.

Vous voulez qu'à ces vers j'ajoute quelque chose,
Qu'en ami près de vous le poète se pose ;
Mais quelquefois le vers est bien audacieux.
Le temple où l'amour règne en maître impérieux,
Touche au Pinde, et parfois le coursier du Parnasse
Y lance, d'un écart, — qui suit une autre trace....
Mari, rassurez-vous : mes cheveux sont tout blancs
Et l'âge m'interdit les tendres sentiments.
L'on ne me verra point, par un vœu téméraire ;
Me rendre ridicule à qui je veux complaire.
Ainsi d'une sincère et vieille affection
Recevez tous les deux la franche expression.

Il le dit quelque part :

Ce bon goût relevé d'exquise politesse,
Aiguisé d'atticisme et de délicatesse,
Plus que partout en France est le vif élément
De la société dont il fait l'ornement.

Et à l'appui de son assertion poétique, il fait l'histoire de ces salons d'autrefois où se réunissaient toutes les célébrités du temps.

Autrefois on traitait autour d'aimables dames
Des points, que de nos jours on éloigne des femmes.
C'était le sel piquant de notre esprit français,
La rare pureté d'un langage parfait,
Ce qu'on nomme la vraie et fine causerie,
Sans apprêts de toilette et sans coquetterie,
Telle qu'elle brillait en conversation
A l'Hôtel Rambouillet, ce célèbre salon
Où l'on vit tour à tour, dans la même famille,
Le sceptre de l'esprit passer de mère en fille.
C'est là qu'à dix-sept ans l'immortel Bossuet
A la célébrité, si jeune s'essayait ;
Sa première oraison à minuit terminée
Aux applaudissements de la salle étonnée,

A fait dire ce mot que j'ai lu quelque part :
Jamais on ne prêcha ni si tôt ni si tard.
C'est de là que partait, d'héroïque mémoire,
Le vainqueur de Rocroy, pour aller à la gloire ;
. . . .
. . . .
Là de nos beaux esprits l'on entendait l'élite
Des ouvrages du jour discuter le mérite.

M. Henry ne consacrait pas seulement les loisirs de sa retraite à des poésies que j'appellerais de société ; il se chargea d'enseigner les règles et l'histoire des lettres à une réunion de jeunes filles dont il était particulièrement connu, et je dois le dire, tendrement aimé ; et il ouvrit son cours d'une manière très-heureuse. Cet aimable auditoire, tout jeune qu'il était, tressaillit d'aise en entendant la première leçon du vieux professeur :

Maintenant en retraite, au déclin de la vie
D'une épreuve nouvelle ayant conçu l'envie,
Avec la même ardeur, je viens, chères enfants,
Essayer près de vous les premiers éléments
De la littérature, œuvre qui doit vous rendre
Plus habiles à lire, habiles à comprendre
Les belles lettres, nom, — qui pour nous réunit
Tout ce qu'ont fait de beau le génie et l'esprit.
Cette étude assouplit une ardente jeunesse,
Console et réjouit une lente vieillesse,
Donne un bel ornement à la prospérité
Et raffermit le cœur contre l'adversité.
Belles lettres ! Ce nom rappelle à la mémoire
Les brillantes cités dont elles font la gloire,
Athènes, le berceau de leur noble séjour,
L'âge de Périclès où l'on vit tour à tour
Euripide, Sophocle, Eschyle, Démosthène
Briller dans l'Agora, triompher sur la scène ;
Auguste, le vainqueur, le chef du monde entier,
Du fameux Périclès est le digne héritier.

Si cet âge appartient à la Rome païenne
Le troisième est celui de la Rome chrétienne,
Qui reçut dans son sein l'héritage exilé,
Les Grecs, brillants débris d'un empire écroulé.
Le règne de Louis, des siècles la merveille
Montre à son tour Molière et Racine et Corneille.

M. Henry ne tenta qu'une fois d'aborder un grand sujet ; ce fut lorsqu'on inaugura sur le Champ-de-Mars , en 1856 , la statue du général Rapp, qu'on devrait bien nous refondre pour la rendre digne du grand artiste qui l'a faite et du grand homme qu'elle représente. M. Henry Édouard avait déjà préparé le canevas de cette œuvre , et en avait écrit les cent premiers vers ; Victor la reprit, et la pièce terminée fut lue solennellement le jour de l'inauguration. Les deux frères ne sont plus aujourd'hui ; je n'ai point à les flatter ; je puis dire la vérité sans crainte de leur déplaire. Eh bien ! je le dis et le déclare sincèrement : leur œuvre renferme des beautés de premier ordre. La presse parisienne se montra plus que sévère envers eux ; elle fut injuste : elle n'eut égard qu'aux longueurs de la fin. M. Henry, en effet , n'avait pas su s'arrêter à temps. Il dut souffrir et souffrit des excès où se porta la critique envers lui ; mais il n'en garda aucune amertume, malgré le proverbe poétique , *genus irritabile vatum ;* cependant il osa la faire imprimer pour ses amis, chez M. Decker, 1856. A ces critiques injustes et malveillantes j'oppose les traits principaux de cette poésie vraiment remarquable et qui révèle chez les deux Henry un souffle poétique d'une certaine énergie.

Lorsqu'un nouveau soleil, étincelant, immense,
De la main qui les crée, en tournoyant s'élance

Et roule dans l'espace, inondé de la clarté, —
Est-il seul et perdu dans cette immensité ?
Non, Dieu ne le veut pas. Le géant solitaire
Autour de lui verrait, inutile lumière,
Tous ses feux dispersés, et ce soleil si beau
S'éteindrait de la mort d'un terrestre flambeau.
Il n'en peut être ainsi : c'est un roi de l'espace ;
Il lui faut des sujets, il faut que de sa face
Emanent des rayons, inépuisables jets,
Afin que d'autres corps vivent de leurs reflets ;
Et c'est ainsi que tous, et soleils et planètes,
Obéissent aux lois que ce Dieu leur a faites,
A la grande harmonie apportent leur concours
Et mesurent le temps, les siècles et les jours.

Assurément c'est un beau début ; le poëte avait
pris un essor digne de son sujet. Voyons comme
il continue :

Lorsque Dieu veut créer de sa divine essence
L'homme qu'un siècle attend, l'homme dont la puissance,
Dont le génie aura sa grande mission,
Alexandre, Louis ou bien Napoléon,
Est-il seul à sortir de la main créatrice ?
Tout seul, suffirait-il à remplir son office ?
Non ; il sera la tête, où, comme en un creuset,
La pensée en travail attend l'heure et le jet,
Et d'où, comme un éclair dans une nuit profonde,
Elle éclate et jaillit pour éclairer le monde.
Mais à la tête il faut des bras pour l'action ;
A la pensée il faut, pour l'exécution,
Et des cœurs dévoués et des esprits d'élite,
Comme il faut au soleil maint et maint satellite.
Quand il soumet l'Asie en trois pas de géant,
Quel cortége accompagne Alexandre-le-Grand ?
Lui-même entre eux ne sait désigner le plus digne.
Et quand Napoléon de la main fait un signe,
Quand le génie, ouvrant l'ère de ses succès,
Appela près de lui l'élite des Français,

La France le comprit ; et cette noble terre
Donna, pour lui servir de cortége de guerre,
Des milliers de ses fils, qui, le sac sur le dos,
Etaient partis soldats ; et les voilà héros
Sous les regards de l'aigle !

Assurément voilà un trait digne de la plus haute poésie.

Et notre belle Alsace
Là fut représentée avec sa belle race,
Kléber et Kellermann et Lefebvre et celui
Que l'airain Bartholdi ressuscite aujourd'hui.

Je passe rapidement, je cours à travers la pièce en laissant çà et là de beaux vers et de beaux passages ; je ne fais qu'extraire :

Toi, Rapp, obscur et seul, et sans autre richesse,
En quittant tes foyers, qu'espérance et jeunesse,
Tu sus, émulateur du mérite rival,
Etonner les plus forts et marcher leur égal !
L'histoire a préparé son burin et les pages
Où sa main gravera, leçons pour d'autres âges,
Tes faits, ta part de gloire...... ....
....
....
C'est elle qui dira tes charges foudroyantes,
Et la terre ébranlée et ces masses fuyantes
Et la victoire enfin conquise par tes mains,
Et ce jour de danger et d'efforts surhumains
Où ton généreux sang coula par neuf blessures,
Et ces champs, par ton fer changés en sépultures,
Et ce Dantzig, conquis par un autre guerrier
Dont le nom à l'Alsace est cher et familier,
Mais défendu par toi... Sans secours et sans vivres,
Tu sais suffire à tout ; les combats que tu livres
Pour le chef qui t'aimait, et dont la chute, hélas !
Fait bruit de toutes parts, ne le sauveront pas.

Reconnaissons que tout cela est grand et beau et ne mérite pas les critiques désobligeantes qui accueillirent la pièce alsacienne. M. Henry eut un tort cependant ; il ne s'arrêta point à propos. Il profita de la circonstance pour offrir son hommage de poëte aux héros de la campagne de Crimée qui assistaient au triomphe de Rapp ; par malheur ce hors-d'œuvre, qui devait être court, a plus de développement que le sujet qui fait le fonds de cette poésie ; ce fut une faute de goût : si le poète s'était arrêté à temps, la critique n'aurait eu que de l'admiration.

M. HENRY ÉDOUARD

Biographie et critique littéraire.

Il m'a semblé qu'après avoir jeté quelques fleurs sur la tombe de l'homme excellent et distingué que nous avons essayé de caractériser, M. Henry Victor, il ne serait pas malséant de raviver le souvenir d'un homme qui lui tenait de près et qui, comme lui, avait rendu de longs et d'honorables services aux familles de l'Alsace : nous parlons de son frère, M. Henry (Jean-Baptiste-Edouard), mort en *1856*, régent de troisième au collége communal de Colmar. Les personnes qui ne l'ont pas connu, verront peut-être ces lignes d'un œil indifférent ; mais elles seront lues avec plaisir par ceux de ses vieux amis qui vivent encore et par ses anciens élèves qui aimaient à l'appeler du nom de Henri III, comme son frère du nom de Henri IV.

La vie de M. Henry Edouard fut modeste comme celle de son frère, et le biographe n'a guère qu'à transcrire les dates de ses nominations diverses à des postes si modestes d'émoluments, que c'est presque la misère en habit noir, mais importants par l'influence qu'ils permettent d'exercer sur les générations naissantes et sur leur avenir. Entouré de livres et d'enfants, l'instituteur vit obscurément, à peine connu des familles, et quand on veut écrire ce qu'il a fait, on a peine à trouver quelques actes saillants. Il en est de la vie professorale comme de la vie monastique; elle est toute cachée dans l'étude et la méditation, à moins qu'elle ne soit sortie de sa voie ou par la politique ou par les succès littéraires, et l'on n'a guère qu'à constater jour par jour l'accomplissement régulier du devoir. Telle fut la vie de M. Henry Edouard. Nous n'aurions à en dire que peu de chose, si lui-même n'avait eu le soin de recueillir à l'âge d'homme ses souvenirs d'enfant et de rimer, pour le plaisir de son intelligence et pour la consolation de sa mère, les sentiments de sa première enfance et les pensées de sa maturité. Nous sommes heureux que la piété de sa famille nous ait permis de puiser à cette source.

M. Henry (Jean-Baptiste-Edouard) naquit à Granges, dans les Vosges, le 12 mai 1806, près de trois ans après son frère. Ses premiers regards s'arrêtèrent sur un pays qui réunissait les agréments de la plaine et ceux de la montagne, et son cœur aimant s'ouvrit aux délices de l'affection, dans une famille où tout se trouvait réuni pour le bonheur, excepté la stabilité des biens terrestres. Aussi, les premières impressions furent-elles d'une douceur ineffable. Voyez quel souvenir il en a gardé !

Qui me rendra ces jours, ces beaux jours de l'enfant,
Ce soleil dans un ciel comme lui souriant,
Et le ruisseau limpide et la verte prairie
Et l'église modeste où l'on me disait : Prie !

Et la terre sacrée où l'on me dit un jour :
Pleure !

Et pourquoi pleurer? Le pauvre enfant, hélas !
venait de perdre son père... A ce coup inattendu,
il s'étonna :

.... Déjà mon tour !
Je connus la douleur avant de la comprendre.

Son malheur était grand. Avec son frère Victor
et un autre enfant, qui s'établit, longtemps après,
libraire dans la ville de Troyes, il restait à la
charge d'une pauvre veuve qui devait, on le
craignit du moins, succomber à la tâche; mais
elle trouva dans son cœur, malgré son isolement,
la force d'être mère et l'énergie qu'il fallait pour
élever sa jeune et trop nombreuse famille.

A l'âge d'homme, M. Henry Edouard s'émeut
doucement au souvenir des dures épreuves et du
courage de sa mère; laissons-le parler : la prose,
si brillante qu'elle soit, pâlit devant la poésie du
cœur.

O mère que j'adore, o toi, plus que le jour
Nécessaire au bonheur de ma courte existence,
C'est ainsi qu'on te vit, en butte à la souffrance,
Des maux qui t'assiégeaient sans pouvoir t'accabler,
Affronter la fureur, et contente, immoler
Tes goûts et tes plaisirs à notre destinée.
Tu pouvais rallumer les flambeaux d'hyménée;
Mais ton cœur t'a tracé des devoirs à remplir :
Au prix de ton repos tu veux les accomplir.

Ce dévouement, c'est à qui le blâmera :

La mère brave tout, même l'isolement :
Dans tes chagrins, à peine un seul ami te reste!

Laissons continuer le poëte et voyons la pauvre
mère.

Quand près de succomber sous tant d'affreux combats,
— (Et quel esprit si fort ne succomberait pas?) —
Tu sentais s'affaiblir les forces de ton âme,
De ton courage éteint qui ranimait la flamme?
L'aspect de tes enfants... Combien de fois tes pleurs,
De l'amour maternel trahissant les douleurs,
Dans le calme des nuits ont couvert mon visage!
Mon cœur, trop jeune encore, à ce touchant langage
Semblait indifférent..............................

Mais il n'y était que trop sensible et il fit le serment de la consoler:

C'est aux fils d'essuyer les larmes d'une mère!

Cependant, au milieu de ces douleurs et de ces continuels efforts pour éloigner la misère, éclatent les malheurs de la France. Napoléon n'a pu tenir contre l'Europe coalisée; la valeur a dû céder au nombre; les derniers boulevards de la France, le Rhin et les Vosges, sont forcés; la Lorraine est envahie. Quelle désolation! Les logements militaires, les réquisitions, le pillage et la maraude ont appauvri toutes les demeures, et, pour surcroît de maux, la famine achève d'attrister le pays. La veuve de Sarepta avait au moins son huile, sa farine et le prophète Elie; quelles étaient les ressources de Mme Henry? Elle fut forcée de quitter la campagne et de se retirer à St-Dié, qui était le berceau de sa famille et où elle espérait trouver appui et consolation. Son espérance était fondée: elle y fut bien accueillie et l'enfance des trois orphelins s'y développa heureusement. Aux jours de sa maturité, M. Henry Edouard se rappelait avec plaisir les jours insoucieux de cette époque fortunée. Saint-Dié, dit-il:

C'est là que sont pour moi mes plus chers souvenirs ;
Car c'est là que sans but et sans lointains désirs,
S'écoula l'heureux temps de ma seconde enfance.

J'aime à le suivre au milieu de ses jeux qui ne
finiront que trop tôt.

En bégayant les mots, amitié, confiance,
Je m'élance au milieu des jeunes compagnons
Que l'âge m'a donnés. Ensemble nous gagnons
D'un pas ferme et léger le sommet des collines,
Et nous escaladons, conquêtes enfantines,
Ces rocs, où l'œil croit voir les antiques châteaux,
Restes encor debout de nos temps féodaux.
Tantôt nous visitons, d'un pied lent et tranquille,
La ferme qu'illustra le séjour de Delille,
Celle que maintenant un sage habite encor,
Dans la simplicité digne de l'âge d'or.

Ce sage, il ne le nomme pas, mais il ne saurait
l'oublier :

.... C'est lui dont la sollicitude
Aplanit sous mes pas le sentier de l'étude.

Les ans ont eu beau s'écouler ; il revient par la
mémoire à ces jours qui ne sont plus, à ces
champs qui n'ont pas gardé l'empreinte de ses
pas, mais qu'il n'a pas laissés dans l'oubli.

Que d'objets je revois ! Ici c'est le jet d'eau,
A notre œil étonné spectacle tout nouveau ;
Plus loin, dans les forêts, c'est un saint ermitage ;
Sur le mont le plus haut c'est la grotte sauvage,
Et le chêne noueux, au détour du chemin
Offrant à nos efforts un siége aérien.

Ce sont là de beaux vers et de doux sentiments
et l'oreille seule du puriste s'effarouche de l'in-
exactitude de quelques rimes. Nous sommes
heureux de laisser la parole au poëte :

Au milieu de ces jeux, de cette joie active
Le temps fuit, emportant jour sur jour, et j'arrive
A l'âge où la pensée étend son horizon
Et commence à chercher les lois de la raison,
Où surtout l'âme s'ouvre à la reconnaissance,
En bénissant la main qui guida notre enfance.
C'est l'heure du départ, et mon regard pieux
Salue, en les quittant, les personnes, les lieux ;
Je les embrasse encor d'une dernière étreinte ;
La mémoire du cœur en conserve l'empreinte,
Comme cet instrument, admirable appareil
Qui, prenant pour pinceaux les rayons du soleil,
Paraît vouloir un jour détrôner la peinture.

Voilà donc Edouard suivant Victor au Lycée de Nancy, y faisant de brillantes études sous les savants maîtres qui y professaient et en sortant enfin avec le grade de bachelier - ès - lettres, obtenu le 2 octobre 1824. Sa famille rêvait pour lui le barreau comme pour son frère ; mais l'état de sa fortune ne lui permit pas d'aborder tout de suite l'étude du droit. Il lui fallait d'abord songer à son pain, à celui de sa mère, et il débuta dans la vie sociale par les fonctions de maître d'étude, au Lycée même de Nancy. Les portes de cette maison se rouvrirent donc pour lui et il rentra comme maître dans le Lycée qui retentissait encore de ses succès d'élève. Emule de son frère Victor, il ne perdit pas ses jeunes années dans la dissipation ; il se mit bravement à l'étude du droit, faisant à chaque trimestre de courtes apparitions à Strasbourg pour y prendre ses inscriptions ; et grace à de rudes efforts, il acheva sa préparation en trois ans et il passa heureusement ses examens de licence, le 1er mai 1828.

Ce succès appela sur lui l'attention et la bienveillance du Recteur qui était alors M. Laborie. M. Henry Edouard pensait à exercer les nobles fonctions de l'avocat ; mais la nécessité parla : il se laissa envoyer au collége de Colmar comme régent de septième, 14 septembre 1828. Il réussit si bien dans l'enseignement élémentaire qu'après deux ans d'exercice, le 13 janvier 1831, il fut nommé régent de quatrième dans le même établissement. Il remplit les fonctions nouvelles à la satisfaction de ses supérieurs et des familles ; et un magistrat éminent put dire de lui qu'il était la *perle du collége*. Cet éloge n'était pas mince : nous avons dit plus haut l'importance de cette maison et par la force des études et par la valeur personnelle des maîtres qui y étaient attachés. Six ans après, il passa dans la classe de troisième. C'est la chaire qu'il a le plus longtemps occupée ; c'est l'enseignement dans lequel on a pu le mieux apprécier l'étendue et la variété de ses connaissances, et la souplesse de cette intelligence vive et sérieuse qui allait au fond des choses et ne laissait sans exploration aucun des filons où pouvait se ramasser un peu d'or.

Grammairien consommé, linguiste, philologue, humaniste, poëte, historien par l'étude, philosophe, légiste, il pouvait tout aborder, toucher à toutes les questions et ne se trouver déplacé nulle part. Cette universalité le mettait à même de briller au milieu de la compagnie la plus distinguée ; mais d'un caractère assez timide, d'une complexion délicate et souffreteuse, il se livrait peu au monde ; il vivait volontiers au foyer de la famille, dans l'intimité la plus étroite, au milieu de ses livres chéris. Son esprit ne s'ouvrait jamais mieux que devant ses élèves, et il se communiquait à eux sans effort, avec abondance et une sympathie que sa raison savait tempérer par la sévérité qui impose facilement à l'enfance. « Henri III, disaient ses élèves, nous intéresse, nous instruit et nous fait travailler. Jamais, — nous disait un de ses élèves, aujourd'hui maître distingué, — il n'est monté en chaire sans avoir relu attentivement les textes qui devaient être l'objet de ses explications. » Aussi, ses élèves sortaient de ses leçons, enrichis d'une foule de connaissances utiles et d'un goût vif pour les travaux littéraires. Son enseignement complétait les études de grammaire et ouvrait aux élèves le jardin fleuri des humanités. C'était pour eux un monde nouveau et plein d'attrait, vrai jardin d'Armide, où les jeunes intelligences aimaient à s'engager sous ce maître habile et où elles n'avaient pas besoin du miroir d'Ubald pour se retrouver. C'est dans ces fonctions que l'auteur de cet article l'a connu, de l'an 1842 à l'an 1845, et qu'il l'a dignement apprécié.

M. Henry Édouard, comparativement à la gêne de ses premières années, se trouvait alors dans l'aisance. Des trois frères, deux avaient embrassé la même profession ; et MM. Edouard et Victor, séparés longtemps par la nécessité, s'étaient enfin réunis ; leurs modestes traitements, ajoutés l'un à l'autre avec le produit des leçons particulières qu'ils donnaient, les rendaient presque riches, surtout à cette époque où l'immense développement du rail-way et de la circulation n'avait pas encore fait enchérir les denrées. L'Alsace était alors un pays d'abondance pour une fortune médiocre et des goûts modestes, et il n'était que quelques cantons de la Bretagne et du midi, où la vie matérielle fût aussi facile. Aujourd'hui c'est bien changé ; la médiocrité d'autrefois est presque la pauvreté.

Les deux frères avaient appelé leur mère auprès d'eux, et, en reprenant avec elle l'ancienne vie de famille, ils avaient consolé et presque rajeuni sa vieillesse, fidèles à cette pensée que M. Henry Edouard a si heureusement exprimée :

C'est aux fils d'essuyer les larmes d'une mère !

Ecoutons-le, quand il oppose le calme de leur vie présente aux angoisses d'un passé, qui a été si long, si dur et si pénible ; le poëte s'adresse à sa mère :

Le temps en est venu : le destin apaisé
Reconnaissant tes droits à des jours sans nuage,
Vient de tourner enfin la noire et triste page
De nos malheurs ; je vois l'horizon s'éclaircir.
Que tes pleurs désormais ne soient que de plaisir !

Le poëte ne parle pas pour lui seul ; il a son frère avec lui ; il partage sa vie, ses affections, ses peines, ses plaisirs, ses jouissances et ses sacrifices.

L'arbre de ton bonheur est planté ; sa culture
Confiée à nos mains, ne languira jamais.
Ainsi, sur le passé jetons un voile épais.
Abandonne ton âme à la douce espérance ;
Que chaque instant pour toi soit une jouissance !
Repose-toi sur nous ; ne crains plus l'avenir ;
Plus d'obstacle ; tes fils sauront les applanir.

Les voici, heureux de leurs loisirs, heureux de leur aisance tardive ; ils se reposent ensemble près de leur mère. Et le poëte s'écrie dans l'enivrement de son bonheur :

Dans ces temps consacrés au repos, à la joie,
A la vive tendresse où notre âme se noie,
Quand tu verras tes fils près de toi réunis,
Dis-leur : je suis heureuse! et leurs vœux sont remplis.

Et le calme des jours présents, à qui le doit-il? Est-ce à lui-même, à ses méditations, à ses efforts? Le bonheur des enfants est le fruit des prières maternelles. Il le dit expressément dans un épithalame à une jeune fille qu'il félicite d'acquérir par son mariage une seconde mère :

> Sais-tu quelle prière
> Est le plus pur encens? C'est celle d'une mère,
> D'une mère appelant sur l'enfant de son cœur
> Un regard du Très-Haut....................
> Jeune fille, à toi donc la joie et l'espérance;
> Car deux mères priaient au jour de ta naissance.

Tous ces vers, empruntés aux poésies manuscrites de M. Henry Edouard, nous montrent de quels doux sentiments son cœur était animé. Nous avons parlé de son amour filial; voici des vers adressés sur le même sujet à Mlle C. H.....

O mon Dieu, tu le sais, si je te remercie,
Ce n'est pas tant, hélas, du présent de la vie,
Que de m'avoir donné des êtres à chérir,
Des parents que mon cœur n'aurait put mieux choisir.
Puissé-je entrelaçant aux jours de leur automne
Les jours de mon printemps, leur faire une couronne
De joie et de bonheur! Puissé-je des instants
Que le ciel m'a comptés, joindre à leur cinquante ans
Une part qui prolonge et leur vie et ma joie!

Le sentiment de l'amour fraternel n'était pas moins vif chez lui :

> Quelles douceurs
> Dans ces termes sacrés de frères et de sœurs!

Et plus loin, il laisse échapper ce beau vers :

L'affection, voilà la véritable vie !

Dans son épître à Mlle Caroline H...., dont j'ài déjà cité quelques vers, je lis cet admirable élan :

Religion du cœur, ô sensibilité,
Don trop funeste, hélas ! fait à l'humanité,
Toi qui doubles la vie en doublant la souffrance,
Toi dont nous maudissons si souvent la puissance,
Sans que jamais on voie un seul de tes martyrs
. . . .
De ton culte abjurer les tristes sacrifices
Et de l'indifférence invoquer les délices, —
Religion du cœur. ô sensibilité, —
Pour adoucir l'arrêt de la fatalité,
Ne peux-tu pas du moins laisser l'adolescence
S'écouler dans le rire et dans l'insouciance?

Et c'est alors que tout entier au souvenir de ses malheurs d'enfance, il pousse ce gémissement :

Oh ! que c'est triste chose
Que la vie ! Et qu'heureux est celui qui repose
De son dernier sommeil !

Oui, sans doute, l'homme est heureux de mourir, quand il meurt plein de mérites et de jours, après avoir accompli toute sa tâche : mais jusque là, l'homme doit rester à son poste et attendre la maturité pour se détacher de l'arbre de vie. Nous ne savons plus quel ancien a dit : « Heureux ceux qui meurent jeunes ! — mais il nous semble que ces mots accusent un peu d'égoïsme ou de découragement, sous une apparence de philosophie. Toute tentative faite pour abréger sa vie est coupable, sans aucun doute; mais tout désir d'avancer l'heure fatale ne l'est-il point aussi quelque peu? Tant que Dieu ne nous a point appelés , nous avons des devoirs à remplir et nous sommes tenus de les remplir dans toute leur étendue. Il y a souvent bien du courage à vivre ! Quelles qu'aient été ses velléités de découragement, M. Henry Edouard savait trop ses devoirs pour avoir même la pensée de s'y soustraire. Il avait souffert par le cœur, il souffrait encore dans sa santé; mais il était heureux de tout ce qui l'entourait, par sa mère, par son frère, par ses parents , par ses amis , par l'Alsace qui lui était devenue comme une seconde patrie. Ecoutons comme il en parle :

.... L'esprit et la franchise,
Et la douce indulgence, et cette urbanité
Lien des nations, la politesse exquise,
Voilà ce que m'offrit ce pays enchanté.
Je vois dans les vieillards noblesse et courtoisie;
Dans les dames je vois bonté, grâce, talents.

Cet éloge est encore vrai de nos jours , et l'Alsace n'est pas près de dégénérer.

M. Henry Edouard connut l'amitié, même hors de sa famille et du cercle de ses élèves qui allait s'élargissant d'année en année. A la fin du petit carnet où il inscrivait ses vers à mesure qu'il les faisait, au milieu des mémento de toute sorte, adresses d'amis ou de marchands, sujets de composition littéraire ou philosophique , titres d'ouvrages à lire ou à conseiller, études à commencer, j'ai trouvé une ode latine qui lui fut adressée par un de ses collègues, en reconnaissance d'un service rendu. Quel était ce service? Il avait relevé son âme du découragement, en partageant son chagrin et ses larmes, en ravivant sa foi; et en l'aidant à soutenir le poids de la mauvaise fortune,

il l'amena à supporter la vie. Dans sa reconnaissance, l'ami invite la Muse à tresser pour M. Edouard
une couronne qui lui assure l'immortalité :

> Tu probo viro decorique nostro
> Necte qua semper niteat, coronam......

Et il veut faire retentir le nom de son bienfai-
teur sur tous les rivages que baigne le Rhin ·

> Audient omnes ubicunque lambit
> Littora Rhenus.

Ainsi, M. Henry Edouard fut aimé et ce fut la
jouissance de sa vie. Il dit quelque part :

> A mon âme blessée
> L'air de l'indifférence est lourd à respirer.

Il ne l'était pas, lui, indifférent et, malgré son
état habituel de souffrance, il prenait part à toutes
les joies qui visitaient ses parents et ses amis :

Dans mon sentier où tout se décolore,
> Si je rencontre quelques fleurs,
> Mon œil, obscurci par les pleurs,
Sait cependant les admirer encore.

Une jeune amie que ses vers désignent sous le
nom d'Aline va se marier. Cette union sollicite le
barde et l'invite à chanter; il répond :

Non, mon luth est brisé; plus de chant dans mon cœur.

Mais ce silence qu'il garde, n'est pas celui de
l'insensibilité :

Amis, croyez-le bien; si ma voix faible et rare
De démonstrations vous paraît trop avare,

Mon cœur, foyer éteint au souffle du malheur,
Sous la cendre conserve un reste de chaleur.
N'appelez pas oubli mon douloureux silence :
C'est un voile de deuil, et non d'indifférence.

Il se tait, et pourquoi ?

En chantant ton hymen, j'aurais craint, chère Aline,
De laisser échapper du fond de ma poitrine,
Au lieu d'un chant de joie, un long cri de douleur.

Cependant, cette disposition habituelle à la mélancolie, qui était la suite de son état ordinaire de santé, ne l'a pas toujours empêché de s'unir en esprit au bonheur d'une jeune fille que l'autel attend ; il dit quelque part :

.... Puisses-tu devenir
D'aimable jeune fille heureuse jeune femme
Et trouver du présent le prix dans l'avenir !

M. Henry Edouard allait peu dans le monde ; mais il y a paru quelquefois cependant et il a bien vu ce qui s'y passait. Entendons ce qu'il dit de l'entrée d'une belle fille dans un bal :

Au milieu d'un salon inondé de lumière
Apparaître en triomphe, et de la foule entière
Captiver les regards et l'admiration, —
Fixer en souriant sa domination
Et de tous accepter le tribut et l'hommage, —
Tel est de la beauté le brillant apanage.
Mais elle est éphémère, et comme un feu du soir,
Elle s'évanouit.

Et pour prémunir contre les dangers de l'eni-vrement Mlle A. R....., à laquelle il avait adressé ces vers, il lui envoie à lire les *Méditations* de

Lamartine. Pourquoi les *Méditations?* Les motifs,
il les expose dans une série de strophes char-
mantes d'harmonie et de sentiment à Mlle C. H...;
nous demandons la permission de les transcrire
en entier.

Au banquet de la poésie
Est appelée à prendre part
Toute âme naïve et sans fard,
Rêvant le ciel et l'harmonie.

Il faut, pour voir cette lumière,
Comme vous joindre à la candeur
Et des croyances dans le cœur
Et des larmes sous la paupière.

Ici, la voix de l'espérance
Au cœur flétri rend sa vigueur;
Ici, la jeune et tendre fleur
Puise la force et la croissance.

Ici, les sons du luth sonore
C'est la prière vers le ciel;
En passant par un cœur sans fiel,
Elle y parvient plus pure encore.

Priez donc avec le poëte,
Car il sera, par ses accents,
De tous vos nobles sentiments
Le plus véritable interprète.

Le philosophe Platon couronnait de fleurs les
poëtes; mais il les chassait de sa république : il
les accusait de démoraliser les citoyens en mettant
sous leurs yeux les dérèglements et les vices attri-
bués aux dieux et en autorisant ainsi par des hauts

exemples les désordres des sociétés humaines. Aujourd'hui nous n'avons plus les mêmes appréhensions et nous faisons lire Homère dans nos écoles, sans craindre l'exemple de Jupiter, de Mars ou de Vénus. Mais peut-être notre époque serait-elle assez disposée à faire comme Platon; elle est éminemment positive et il faut bien le reconnaître, peu favorable à la poésie, qui est accusée d'entretenir les illusions de l'esprit et du cœur. Nous nous rappelons que, lorsque, sous le règne de Louis-Philippe, l'un des grands poëtes du jour fut porté par les électeurs de Mâcon à la chambre des députés, on s'écria de tous les côtés qu'on avait assez de rêveurs dans les deux sections du Corps législatif. Ce fut plus tard ce rêveur, qui, dans les jours de février, arrêta l'émeute au bas du perron de l'Hôtel-de-Ville à Paris et empêcha, par l'éloquence entraînante de sa parole, des représailles sanglantes et l'adoption du drapeau rouge. Ce jour là, un poëte sauva la France.

M. Henry Edouard reconnaissait l'utilité pratique de la poésie et admettait les poëtes ailleurs que dans la république des lettres. En envoyant en cadeau deux volumes de Lamartine, les *Méditations* et les *Harmonies*, à Mlle A. R....., il lui disait :

Votre saine raison sait contempler la vie
Dans ses réalités; mais de sa poésie,
Ne la dépouillons pas; conservons ce trésor:
Arrachons le clinquant sans rien perdre de l'or.

Et puis vient ce beau vers ·

Car le cœur a ses droits aussi bien que la tête.

Quand vous perdrez quelqu'une de vos illusions
avec l'âge, ne vous laissez pas aller au découra
gement; mais revenez au poëte : il vous conso
lera. Et comment vous consolera-t-il? En vous
ramenant, insensiblement et comme à votre insu,
aux vraies idées de morale et de foi, à celles qui
agissent incessamment sur l'humanité et qui sont
le principe et la base de la vraie félicité :

> Suis le poëte qui te guide;

dit-il, en envoyant son poëte chéri à M^{le} Aline R..,

> Médite-le dans sa douleur,
> Et puise à la source limpide
> Douceur, dévouement, piété
> Et foi dans l'immortalité.

M. Henry Edouard aimait la nature et nous
avons vu qu'il la peignait assez bien. Dans son
enfance, il avait habité Saint-Dié ; il conserva le
plus doux souvenir et de la ville et des alentours.
Voici comme il dessine le paysage où la ville
s'élève :

> C'est un bassin formé par de hautes montagnes.
> La Meurthe, encor sans nom, bienfait de ces campagnes,
> Par un large circuit l'arrose de ses eaux,
> Qu'enrichissent déjà d'innombrables ruisseaux.
> Ces collines, ces monts, verdoyante ceinture,
> S'ouvrent pour faire place au fleuve qui murmure.
> . . . .
> C'est là qu'entre deux monts sur l'un et l'autre bord,
> Comme une fleur modeste, à la fraîcheur éclose,
> S'épanouit riante et belle dans sa pose,
> Une ville, que l'œil mesure d'un regard.

Cette ville, toute modeste qu'elle est, doit

> . . . . sa naissance et son nom
> A l'un des ouvriers de la grande moisson,

Apôtres inspirés du culte évangélique,
Lisant dans l'avenir d'un regard prophétique,
Dans ces temps, où la foi de son divin flambeau
Sur l'Europe jetait un éclat tout nouveau,
Où la religion peuplait les solitudes
Et vouait ses enfants à d'austères études.

Cette ville de Saint - Dié est ainsi appelée d'un pieux évêque de Nevers, Déodatus, qui, pour échapper aux dangers du monde et de sa dignité, s'enfuit de son diocèse et vint se réfugier dans les solitudes des Vosges, où il porta les premières semences de la civilisation chrétienne. Elles s'y développèrent si vite que le saint anachorète s'en effraya ; il s'enfonça plus à l'est et se cacha dans la vallée, qui de lui porte aujourd'hui le nom de *Col du Bonhomme*. Saint Dié est le premier fondateur du célèbre *Val de Galilée*.

Nous remarquons une rare facilité de versification et beaucoup d'éclat et de vérité dans sa pièce au mont Albisbrunner, qui se trouve en Suisse, entre Zurich et Lucerne :

Des monts altiers qui t'environnent,
Géants que les neiges couronnent,
Ne redoute point un affront,
Albis ; si ton modeste front
Ne se perd point dans les nuages,
Tes bois, tes verdoyants ombrages,
Tes fraîches et limpides eaux,
Que l'art par différents canaux
Conduit, non pour un vain spectacle,
Mais pour opérer le miracle
Des plus parfaites guérisons, —
Ta douce pente et tes gazons
Qui permettent même à l'enfance,
A la faiblesse, à la souffrance,
De gravir tes plus hauts sommets, —

Enfin, dans tes vastes forêts,
Cet air si pur qui de la vie
Ravive la source tarie, —
Tout fait de ce charmant séjour
Un lieu que réclame l'amour ;
Mais le Dieu de la médecine
A dit d'abord : « Je le destine
« A soulager l'humanité ;
« L'agrément et la liberté,
« Venant en aide à la nature,
« Des eaux compléteront la cure. »

Les fragments de sa belle pièce sur le général
Rapp que nous avons cités dans l'une de nos
causeries précédentes, nous ont fait connaître de
quelle puissance était le souffle poétique qui, parfois, animait les deux frères et surtout M. Henry
Edouard. Nous avons trouvé dans ses manuscrits
deux odes que nous pourrions donner en entier,
tant elles renferment de beautés lyriques ; nous
nous contenterons de citer ce qu'elles renferment
de plus saillant.

La première de ces odes a été écrite contre les
Anglais et l'abominable politique de ce Castelreagh
qui poussa jusqu'à l'odieux et à l'absurde l'étroit
antagonisme des vieux ennemis des idées fran-
çaises. Le début ne manque pas d'ampleur.

Muse sévère de l'histoire,
Toi dont l'inflexible burin
Grave l'infamie et la gloire
Sur un indestructible airain ;
Scrutatrice des faits célèbres
Ensevelis dans les ténèbres,
Amante de la vérité
Dont par toi la brillante étoile,
Des longs siècles perçant le voile,
Eclaire la postérité.

. . . .
. . . .
De l'envie auguste victime
Socrate meurt ; ta main sublime
De gloire aussitôt le revêt ;
Tibère au front sinistre et blême
Voyait à son heure suprème
Tacite assis à son chevet.

Voilà un beau trait, une belle image et une belle pensée ; nous continuons :

Muse sévère de l'histoire,
Ouvre à nos yeux quelques feuillets
De ce grand livre de mémoire,
Recueil de terribles arrêts
Et de leçons souvent perdues
Pour les nations qu'a décues
Un noble mot, — la liberté, —
Et pour les rois dont l'origine
Invoque une source divine
Aux dépens de l'humanité.

Quel est ce vieillard au front calme
. . . .
Portant en main la double palme
Et du génie et du malheur ?
Assis au foyer d'un roi Thrace,
Il y demande une humble place
Au nom de ce royal enfant
Qu'il fait l'appui de sa vieillesse,
Au nom des dieux auxquels s'adresse
L'étranger pauvre et suppliant.

C'est le vainqueur de Salamine,
C'est Thémistocle l'exilé.

Athène tombera un jour en expiation de son ingratitude,

Et tandis que l'hospitalité
Trouvera son vivant symbole
Dans Admète............

Quel est ce guerrier au cœur ferme
En face regardant la mort ?
. . . .
. . . .
La victime aux coups désignée
Succombe, et sa bouche indignée
Maudit Prusias et les Romains.

Les Alpes, Canne et la Trébie
Redisent encore son nom, —
Annibal ; et la Bithynie,
Théâtre de la trahison,
Comme son roi, reste maudite.

La fin de la strophe s'élève par l'indignation
aussi haut que la poésie peut monter :

Indignes fils de Régulus,
Qui préférez à la clémence
La perfidie et la vengeance,
Romains, je ne vous connais plus.

Entends-tu la voix de l'histoire,
Albion ?. . . . .
. . . .
En vain tu nous montres la page,
Où nous admirons le courage
De tes enfants victorieux ;
Au revers je lis l'anathème
Que contre Caïn Dieu lui-même
Fit éclater du haut des cieux.

Qu'as-tu fait de la prisonnière
Que l'or fit tomber en tes mains ?
. . . .
. . . .
Pour celle qu'épargna le glaive
Dans vingt assauts et vingt combats,

A Rouen un bûcher s'élève........
. . . .
Anglais, brûlez le corps ; son âme
Est avec nous : de cette flamme
Que vous étouffez maintenant,
Mais que vos mains ont allumée,
Toujours nous verrons la fumée
Entre l'île et le continent.

Et il semble, en effet, que la vieille antipathie qui sépara si longtemps l'Angleterre et la France, mais qui tend à s'effacer, nous le reconnaissons, pour le bonheur de l'humanité, — date du martyre de l'héroïne.

Et l'homme au gigantesque office,
Samson, dont la puissante main
D'un monde ébranla l'édifice,
Pour le rasseoir le lendemain,
. . . .
. . . .
Dis, Albion, qu'en as-tu fait ?
. . . .

Mais le Bellerophon s'apprête ;
Le héros foule son plancher;
Ton hospitalité le jette
A Sainte-Hélène, autre bûcher.
Pendant six ans, fatal génie,
Tu supportas son agonie
Et tu présidas à sa mort ;
Et tes vaisseaux au vol agile
En passant visitaient cette île
Pour voir s'il respirait encor.

C'est en vain que *ce tyran des mers et de la terre* entasse l'or des peuples dans son île; l'Angleterre, pour dissimuler sa hideuse âpreté au gain,

> Se couvre d'un faux nom de gloire :
> Rien ne pourra tromper l'histoire.

Condamnée par la justice divine à un supplice nouveau, Albion entendra toujours retentir à son oreille effrayée, ces mots qui font sa honte éternelle :

> ... Rouen et Sainte-Hélène,
> Jeanne d'Arc et Napoléon !

L'enfance du poëte avait vu la puissance et la chute de Napoléon ; devenu homme, il s'émut au souvenir du 21 mai et il sentit la lyre s'agiter et frémir dans ses mains. De là naquit une ode nouvelle, pleine de mouvement et de vie. M. de Lamartine a jadis écrit une méditation sur le même sujet ; mais il était jeune encore, de peu d'expérience et il avait les idées et les sentiments d'un homme de famille aristocratique et de plus élevé au collége des Jésuites de Belley, dans un milieu peu favorable aux aspirations de notre âge. Nous ne sommes donc pas étonné qu'il ait mal compris le héros des temps modernes et qu'il en ait fait un être à part, et qui, à une ambition sans borne, joignait l'amour effréné de la guerre.

> Gloire, honneur, liberté, ces mots que l'homme adore,
> Retentissaient pour lui comme l'airain sonore
> Dont un stupide écho répète au loin le son :
> De cette langue en vain ton oreille frappée
> Ne comprit ici-bas que le cri de l'épée
> Et le mâle accord du clairon.

Ce sont de beaux vers, sans doute ; mais est-ce de la justice ? D'après le poëte, dans cet effrayant mouvement de la révolution française, où les institutions et les monuments du passé se renversaient en débris pour faire place aux institutions nouvelles, le héros des temps modernes n'a vu que le pouvoir à prendre et la couronne à saisir. Aussi n'eut-il pas l'idée, lui, général d'une armée de révoltés, de rendre le sceptre aux Bourbons exilés, comme une lettre célèbre l'y avait invité, et de l'échanger contre l'épée de connétable ; c'est ce que lui reprochaient bien des royalistes. Dans son émotion, le poëte va jusqu'à dire :

Rien d'humain ne battait sous ton épaisse armure !

Rien d'humain, si ce n'est le remords au souvenir du malheureux duc d'Enghien et finalement le retour au sentiment religieux, à la religion catholique que Napoléon n'avait pourtant jamais quittée, malgré ses démêlés avec le Saint-Siége.

On dit qu'aux derniers jours de sa longue agonie,
Devant l'éternité seul avec son génie,
Son regard vers le ciel parut se soulever :
Le signe rédempteur toucha son front farouche,
Et même on entendit commencer sur sa bouche
Un nom... qu'il n'osait achever.

Voilà comme le grand poëte de la Restauration parlait de Napoléon Ier, en 1821, à la première nouvelle du 21 mai ; mais faut-il s'en étonner beaucoup ? La presse royaliste n'avait que des anathèmes et des malédictions contre ce qu'elle avait appelé l'*Ogre Corse* et le génie de Châteaubriand lui-même s'était abaissé jusqu'à l'insulte. Nous étions alors élève au collége royal d'Avignon ; on nous y enseignait l'histoire avec les précis du célèbre R. P. Loriquet, et nos professeurs d'humanités et de rhétorique osaient à peine se risquer à nous lire parfois quelque Messénienne de C. Delavigne sur Jeanne d'Arc ou sur la Grèce ; c'eût été presque un fait de rebellion que de prêter l'oreille aux *Souvenirs du peuple* par Béranger. Aux distributions solennelles des prix, on avait la précaution de modifier les actes de naissance, et tel élève qui avait reçu au baptême les prénoms de Joseph-Napoléon, ne conservait que le premier. Que nous sommes loin de tout cela ! Depuis, les passions se sont calmées ; la raison a repris son empire et les faits accomplis sont appréciés à leur juste valeur. Nous avons vu Châteaubriand renier les exagérations de la haine et celles du dévouement ; et M. de Lamartine, quand la grande figure de Napoléon passe devant lui, ne l'accueille pas comme faisait le jeune royaliste de 1821 ; il se découvre avec respect et s'incline.

M. Henry Edouard, qui était né d'une famille plébéienne, qui avait été élevé dans un collége royal, où, malgré l'adjectif, vivaient encore les grands souvenirs de l'Empire, avait de Napoléon des idées plus justes :

> Quand il brillait dans sa puissance,
> Ma Muse le vit en silence ;
> Bientôt son pouvoir chancela :
> Il tombe, renaît, puis s'écroule ;
> Mais aux cris de la foule
> Ma voix jamais ne se mêla.

Il y a là de la grandeur et de la dignité ; voyons comme il poursuit :

> Vierge d'éloges et d'outrages, —
> Quand ce rayon sous tant d'orages

> S'éteint dans la nuit du trépas, —
> Ma voix sur sa cendre héroïque
> Veut verser un cantique
> Qui peut-être ne mourra pas.

Voilà qui n'est pas modeste, dira la critique; mais quel poëte, dans son enthousiasme, ne se promet pas l'immortalité? *Non omnis moriar,* s'écrie Horace, et Ovide, après ses Métamorphoses, s'assure une gloire impérissable. Je continue mes citations.

> Nous avons vu ses feux rapides
> Des Alpes jusqu'aux Pyramides
> Et du Mançanarès au Rhin,
> En grondant, traverser l'espace...
> ....

Et voici la brillante destinée du héros qui se déploie dans les strophes du poëte :

> Le désir ardent qui bouillonne
> Au fond du cœur, une couronne
> A saisir, projet insensé!
> Les efforts constants du Génie,
> Et la joie infinie
> Du but atteint, qui l'eût pensé?
>
> Tout, il éprouva tout : la gloire
> Des dangers et de la victoire,
> La royauté, l'exil mortel,
> L'abaissement d'une âme altière,
> Deux fois dans la poussière
> Et deux fois debout sur l'autel !
>
> Deux siècles étaient en présence,
> Ardents de haine et de vengeance;
> Il paraît, se nomme, et soudain
> C'est lui qui doit juger leur cause;
> Entre eux deux il se pose,
> Comme un arbitre souverain.

Puis, quand de la scène du monde
Il disparut, longtemps sur l'onde
Se mêlèrent aux flots grondants
Les cris farouches de la haine
    Et la prière vaine
De l'amour et du dévouement.

A l'heure où le soleil décline
Les bras croisés sur la poitrine,
Le front pensif, les yeux baissés,
Que de fois il refit l'histoire
    De ces temps, où la gloire
Marquait chacun des jours passés.

. . . .

. . . .

Ah! peut-être tant de carnage
Jeta sur son âme un nuage,
Et peut-être il désespéra!
Mais bientôt une main divine
    Ouvrit à sa poitrine
Un air plus pur qu'il respira.

Et après quelques vers, qui ne sont pas à dédaigner, arrive cette belle strophe qui terminera nos extraits :

Foi des chrétiens, croyance aimée,
Aux triomphes accoutumée,
Ici ta puissance éclata ;
Vois s'incliner ce fier génie
    Devant l'ignominie
Et les douleurs du Golgotha.

Il est deux ans à peine qu'un Ministre de l'Empereur est venu visiter les Ecoles professionnelles de l'Alsace et constater par lui-même les louables efforts que faisait depuis longtemps la haute industrie de cette province pour éclairer et moraliser les ouvriers, en même temps qu'elle s'occupait d'assainir et d'aménager plus dignement leurs demeures par l'établissement de quelques cités ouvrières. Il vit. il approuva, il admira; mais tout en rendant justice à tant de merveilleux résultats, il sembla craindre que tous ces soins donnés à ce qu'on pourrait appeler le côté matériel de la Société, ne contribuassent peut-être à préparer l'appauvrissement de l'intelligence proprement dite. Il aurait dit ou à peu près : « Je ne sais ce que l'Alsace perdrait à voir naître et grandir un poëte à côté de ses grandes usines. » Une telle appréhension ne nous paraît pas fondée. L'intelligence ne va pas s'appauvrissant; elle n'a rien perdu de sa vieille activité. L'Alsace d'aujourd'hui a peu de chose à envier à l'ancienne. Si l'agriculture et l'industrie rivalisent d'efforts pour répondre aux besoins multiples des Sociétés modernes, il est vrai de dire aussi que les lettres, que les sciences, que les arts ne sont pas en arrière du mouvement et du progrès. Regardons autour de nous! Que de merveilles dues au ciseau du sculpteur, au marteau de l'architecte, au pinceau du peintre, au burin du graveur! Les lettres et les sciences couronnent d'une lumineuse auréole Phalsbourg, Saverne, Haguenau, Strasbourg, Beblenheim, Colmar, le Logelbach et Mulhouse. Ecoutons, et nos oreilles seront charmées, d'un bout à l'autre de l'Alsace, par des chants dont la mélodieuse harmonie est souvent empreinte d'une vive originalité.

Et la poésie proprement dite, la poésie que tant de gens condamnent comme une dangereuse inutilité, que d'autres croient ou déjà morte ou sur le point d'agoniser au milieu des préoccupations positives de notre époque, la poésie est pleine de vie et de vigueur en Alsace. Si Strasbourg et Colmar n'ont plus leurs maîtres chanteurs, leurs Meistersænger d'autrefois, Ribeauvillé a son tapissier-poëte, et Colmar s'honore de son pâtissier. La première de ces villes a vu naître Andrieux; et là vivent encore les habiles traducteurs de Schiller et de Pfeffel, et tant d'autres qu'il serait trop long de nommer; Haguenau a mis au jour les poésies patoises de l'un de ses fils, M. Verdellé, dont le nom révèle une origine française. Le *Courrier du Bas-Rhin* publie fréquemment des vers qui attestent un vrai talent; à Mulhouse vivent deux frères qui rappellent les beaux jours de Pfeffel, et la *Feuille du Samedi*, le *Samstag-Blatt*, y donne souvent des pièces légères où le talent et la grâce s'unissent à l'art de bien dire. Et, enfin, pour revenir à Colmar, où nous écrivons ces lignes, n'y avons-nous pas vu déjà plus d'un poëte de talent? Prêtons l'oreille et voici que nous entendons célébrer tour à tour les charmes de la pêche et les beautés du pays; et l'écho émerveillé y redit ces récits des vieux temps, les *Légendes de l'Alsace*, écloses dans ces châteaux gothiques dont les gros massifs couronnent si bien les crêtes des Vosges ou en accidentent si pittoresquement les pentes tantôt nues, tantôt cachées sous l'éternelle verdure des sapins. Les poëtes peuvent mourir au regret de leurs amis et de leurs contemporains; mais la poésie est immortelle en Alsace, au milieu de sa population si intelligente et si vive, au milieu de toutes ces merveilles de la nature, des arts et de l'industrie qui tiennent les esprits en éveil et comme sous l'aiguillon. La poésie ne se signale pas au loin par ces machines puissantes dont le bruit et les produits sollicitent l'attention , ni par ces hautes colonnes enfumées qui dominent les fourmilières du travail matériel ; elle est comme la violette ; elle naît à l'écart, elle s'épanouit dans l'ombre et elle ne se révèle à ses étroits alentours que par de modestes émanations. Heureux celui qui recherche les doux parfums de cette fleur de l'intelligence et les aspire avec amour !

M. Henry Edouard était poëte, mais avant tout, comme le prouvent les idées et les images qui terminent son ode sur Napoléon, il était demeuré chrétien, malgré le vent de scepticisme et d'indifférence qui avait fait incliner bien des têtes autour de lui. Quand sa constitution, naturellement si débile et si frêle , eut fini de se ruiner sous les étreintes de l'étude opiniâtre et sous les fatigues d'un enseignement laborieux, il n'eut pas la peine de revenir à ce qu'il avait abandonné : il n'eut qu'à se recueillir, et il accomplit avec intelligence tous les devoirs de la foi , résigné, mais saluant d'un dernier regard d'amour et de regret l'épouse qu'il laissait veuve, le jeune enfant que sa mort allait faire orphelin, le frère qui avait été l'assidu compagnon de sa vie, ses doux livres, ses amis absents, et... le reste. Il est peu d'hommes qui puissent partir sans rien regretter. Le maître, avant d'expirer, vit sa mère pleurant à ses pieds, et il la légua au disciple bien-aimé.

Un de ces derniers soirs, je causais avec un vieil ami. « Vous avez fait sur M. Henry Victor une série d'articles que ses anciens élèves, ses collègues et ses amis ont lus avec plaisir. J'en ai été bien aise, pour mon compte, et je vous remercie d'avoir réuni comme en un faisceau tant de si jolies choses que nous connaissions à peine et que nous allions oublier sans vous. Mais vous arrêterez-vous là? Ne ferez-vous rien sur son frère Edouard, qui a été son sollègue et le nôtre? » — Je termine à l'instant, répondis-je, un travail dont il est l'objet. — A la bonne heure. — Ce ne sera pas au reste, repris-je, la première fois que j'aurai parlé de lui : son nom était déjà venu sous ma plume ; j'ai cité en entier le magnifique début de sa poésie sur Rapp, et j'ai montré tout ce qu'il y avait de ressource et de vigueur dans cette intelligence que l'on ne connaissait auparavant, hors du cercle de ses plus intimes amis, que par ses longs services dans l'enseignement. J'avais parlé de l'homme aimable et bon, du professeur qui joignait le savoir-vivre au savoir-faire, le savoir-faire à l'esprit, l'esprit au talent ; j'ai voulu, de plus, l'honorer dans la personne de son frère. — Et vous avez bien fait, reprit l'ami ; votre nouveau travail est le complément du premier. M. Henry Edouard avait l'abord et la parole moins agréables que son frère ; mais on trouvait en lui une remarquable distinction d'esprit et un fonds de stoïcisme qui le mettait comme dans une classe à part, et cela, joint à son état habituel de souffrance, lui donnait ce je ne sais quoi qui inspire la déférence et le respect. A vrai dire, c'était l'homme du devoir. — L'homme du devoir ! repris-je étonné. — Oui, l'homme du devoir, répéta l'ami ; il pensait qu'ici-bas l'homme a plus à faire qu'à jouir de la vie, et en bien des circonstances, il a porté ses devoirs de fils, de frère et de professeur jusqu'au sacrifice. C'était un grand cœur. — Oui, repris-je, un grand cœur et un poëte distingué, auquel il n'a manqué, pour devenir célèbre, qu'un peu d'assurance et le temps. Avec le temps, il aurait tout revu, tout corrigé, tout achevé; car il avait tout ce qu'il faut pour s'élever à l'idéal de l'art, et, avec l'assurance, il aurait affronté la publicité. C'est un fruit mort dans sa fleur. La fleur, à demi cachée sous l'ombre, ne s'est ouverte que pour donner son parfum; l'orage a détruit tout le reste. — Non, répartit l'ami, l'orage n'a pas tout détruit : les générations qui ont passé par ses mains, pendant les vingt-huit ans de sa carrière professorale, se ressentent encore de son action et ont le respect de sa mémoire. Je demandais un jour à un homme, qui avait commencé et fini ses études au collége de Colmar, quel était le maître dont il avait le plus apprécié les soins. Il répondit: « C'est Henri III. D'autres étaient plus aimables peut-être et aussi instructifs; mais sa manière et sa parole m'imposaient ; je sentais que cela venait du cœur ; c'est celui qui m'a fait le mieux comprendre le devoir. »

COLMAR, Imprimerie et Lithographie de C. DECKER.